bAV
Der neue Versorgungsausgleich in der Praxis

- Das neue Verfahrensrecht
- Wie funktioniert der Hin- und Her-Ausgleich?
- Probleme für Arbeitgeber im Detail

Schutz unter den Flügeln des Löwen

Behalten Sie in der betrieblichen Altersversorgung den Überblick. Entscheiden Sie sich für die Generali!

Ihr Kompetenzanbieter in der betrieblichen Altersversorgung:

- Seit mehr als 70 Jahren erfolgreich auf dem bAV-Markt tätig
- Beratungskompetenz vor Ort
- Entwicklung maßgeschneiderter Lösungen für Ihr Unternehmen
- Alles aus einer Hand – ganz gleich, welche Vorsorgeform Sie wählen
- 3-fach exzellenter Service im Kollektivgeschäft für
  – Servicemanagement
  – Service- und Beratungsleistung
  – Servicewirksamkeit

Generali Lebensversicherung AG
KompetenzCenter bAV
60318 Frankfurt am Main
Service-Telefon: 069 1502 - 2119
Telefax: 069 1502 - 2720
www.generali.de, www.generali-bav.de

Ein Unternehmen der Generali Deutschland

Hauptsache gerecht

Gerechtigkeit ist ein Begriff, der den Deutschen besonders am Herzen liegt. Ungleicheit, insbesondere in Geldfragen, ertragen sie nur schwer. Gleichzeitig ist auch Deutschland ein Land, in dem der Lebensabschnittsgefährte mit Trauschein den Ehepartner ablöst – Bis dass der Tod uns scheidet, gilt immer seltener.

Deshalb wundert es nicht, dass die Gerechtigkeitsfrage nun auch die Altersversorgungsansprüche erreicht hat, wenn zwei Partner sich trennen. Hälfte, Hälfte ist der Grundsatz, der als gerecht empfunden wird und den der Gesetzgeber seit 1. September rechtlich verankert hat.

Ralf Vielhaber
Chefredakteur

Scheidungen machen Unternehmern Arbeit

Doch des einen Freud', ist des andern Leid. Der andere – das ist in diesem Fall der unbeteiligte Dritte, der Unternehmer. Er hat eine Menge zusätzlichen Rechen- und Verwaltungsaufwand, sobald sich Mitarbeiter in seinem Unternehmen vom Ehepartner trennen und auch, wenn Geschiedene in sein Unternehmen eintreten. Denn sämtliche Rentenanwartschaften wollen gerecht geteilt und separat verwaltet werden. Den Vorschlag dazu muss der Unternehmer den Familiengerichten machen. Entscheiden werden die Richter.

Obendrauf wird zusätzlicher Beratungsaufwand kommen, denn Betroffene werden Informationen von ihrem Arbeitgeber erwarten. Auf der anderen Seite kann er den zusätzlichen Aufwand niemandem in Rechnung stellen. Ob er das nun als gerecht empfindet oder nicht.

Was auf Unternehmer zukommt

Der vorliegende FUCHS-REPORT setzt sich mit dem neuen, ab 1.9.2009 geltenden Versorgungsausgleich und seinen Folgen für die unternehmerische Praxis detailliert auseinander. Er zeigt auf, was Sie beachten müssen und gibt Hinweise und Handlungsempfehlungen da, wo sich bereits konkrete Aussagen dazu treffen lassen. Glücklicherweise können Sie einige Maßnahmen ergreifen (lassen), die Ihnen und Ihren Personalern das Leben leichter machen werden.

So sollten Sie und Ihre Personalabteilung zunächst gewappnet sein, wenn die ersten Fälle auf Sie zukommen. Und das werden sie – denn die Scheidungsraten in Deutschland zeigen seit Jahren eine steigende Tendenz.

Bleiben Sie trotzdem gelassen. Auch, wenn sie nicht alles als gerecht empfinden, was Ihnen der Gesetzgeber aufbürdet.

Inhalt

Der neue Versorgungsausgleich 5

Versorgungsausgleich im Überblick: Das ändert sich für Arbeitgeber 5
Mangelhafte Versorgungsbilanz 5
Hoher Aufwand für Arbeitgeber 6
Schön fair teilen 6
Neue Bürokratie und Risiken für Unternehmer 6
Der Versorgungsausgleich aus der Sicht der Ehepartner und Arbeitnehmer 6
Streit zwischen Ex-Eheleuten vermeiden 7
Fazit für Unternehmer 7
Rolle rückwärts 8

Versorgungsausgleich operativ 9

Wann ein Versorgungsausglich stattfindet 9
Wann sich ein Versorgungsausgleich erübrigt 11
Ausnahmen bestätigen die Regel 11
Teile und rechne: Was auf Sie zukommt 11
Anteil der Deckungsmittel in der bAV 12
Hin- und Her-Ausgleich: Ein Beispiel 12
Die Realteilung nach neuem Recht: „Alles durch zwei" 12
Mehr Versorgungsbausteine, mehr Aufwand 12
Auskunftpflichten der Versorgungsträger 13
Kostenrisiko für Arbeitgeber 13
Der Arbeitgeber arbeitet, das Gericht entscheidet 14
Interne Teilung: Versorgungsausgleich im Detail 14
Kosten der internen Teilung 14
Grenzkosten und Kostengrenzen 14
Verpflichtung zu wertgleichem Ausgleich 15
Versorgungsträger in der Haftung 15
Probleme der internen Teilung bei der Pensionszusage 15
Kostenfalle Verwaltungskosten 17
Externe Teilung: Versorgungsausgleich außerhalb des Unternehmens im Detail 17
Wann eine externe Teilung möglich wird 17
Besondere Vorraussetzungen für die Übertragung auf eine bAV 18
Was nicht fair ist, ist verboten 18
Höherer Ausgleichswert bei externer Teilung 18
Angemessene Versorgung muss sichergestellt sein 19
Problem der externen Teilung bei der Pensionszusage 19
Grundsatz-Probleme für Arbeitgeber 19
Standardlösungen gibt es nicht 19
Risiko Unterdeckung 20
Liquiditätsrisiko 20
Spezial-Fall: Gesellschafter-Geschäftsführer 20
Fallstricke bei rückgedeckten Unterstützungskassen 20
Viele komplizierte Probleme für Experten 20
Nachbesserungen wahrscheinlich 21
Teilungsordnung spart Arbeit, Zeit und Geld 21
Ergebnis offen: Fragen und möglicher Änderungsbedarf im Gesetzgebungsverfahren 21
Spielen die Familiengerichte mit? 22

Fazit: Hauptsache gerecht 23

Personalabteilungen bekommen zu tun 23
Änderungen in nächster Zeit wahrscheinlich 23

Der neue Versorgungsausgleich

Scheiden tut weh – künftig auch Arbeitgebern, wenn Ehen von Angestellten in die Brüche gehen. Denn Sie müssen den seit 1. September geltenden neuen Versorgungsausgleich für Ihre Mitarbeiter praktisch umsetzen. Mit der Reform des Versorgungsausgleichs ändert sich das bisherige Verfahren vollständig.

Auf Unternehmer und Personalabteilungen kommen erhebliche Zusatzaufwendungen zu. Grund: Seit 1. September 2009 gilt das neue Scheidungsrecht und damit auch die Neuregelung des Versorgungsausgleichs. Betroffen von der Neuregelung sind alle Unternehmer, aber auch Rentenberater und Anwälte für Familienrecht.

Für Unternehmer und ihre Personalabteilungen wird der neue Versorgungsausgleich zu einer „Arbeitsbeschaffungsmaßnahme" und er bringt zusätzliche Risiken und bürokratischen Aufwand ins Unternehmen. Denn Arbeitgeber werden bei Scheidungen vom einfachen Informationslieferanten für die Familiengerichte faktisch zu Praktikern, die den neuen Ausgleich intern umsetzen müssen. So müssen Sie z. B. einen detaillierten Teilungsvorschlag machen. Nach wie vor entscheidet aber allein das Familiengericht, ob und in welchem Umfang der Versorgungsausgleich durchgeführt wird.

Ein Problem dabei: Im Mittelpunkt des neuen Gesetzes steht der Gerechtigkeitsgedanke. Wird eine Mitarbeiter-Ehe geschieden, müssen sämtliche Rentenanwartschaften zu gleichen Teilen zwischen den Partnern verteilt werden. Davon betroffen ist die gesetzliche Rentenversicherung, aber eben auch Ansprüche aus der betrieblichen Altersvorsorge (bAV) oder Anwartschaften aus berufsständischen Versorgungswerken.

Für Unternehmer und Arbeitgeber ergibt sich mit der Reform eine völlig neue Ausgangslage. Denn das operative Prozedere beim Versorgungsausgleich wird durch die Reform vollständig verändert. Faktisch überträgt der Gesetzgeber dem Unternehmer mit dem Gesetz zur Strukturreform des Versorgungsausgleichs (VAStrRefG) zusätzliche Aufgaben.

Versorgungsausgleich im Überblick: Das ändert sich für Arbeitgeber

Bei Ehescheidungen werden die in der Ehezeit erworbenen Anrechte auf eine Altersvorsorge zwischen den Ehepartnern hälftig geteilt. So lautet das verfassungsrechtliche Gebot. Scheitert eine Ehe, soll der Versorgungsausgleich dafür sorgen, dass selbst derjenige Ehepartner eine adäquate Absicherung für das Alter und Invalidität erhält, der – aus welchen Gründen auch immer – auf eine eigene Erwerbstätigkeit verzichtet hat.

Mangelhafte Versorgungsbilanz

Das ist der Anspruch des Gesetzgebers. Aber: Das bisherige Teilungssystem hatte eine gravierende Schwäche. Im Scheidungsfall wurden sämtliche Anrechte der Ehegatten in „einen Topf" geworfen und durch eine Rechenformel vergleichbar gemacht. Dann wurde ihre künftige Wertentwicklung prognostiziert und eine sogenannte Versorgungsbilanz aufgestellt. Der Ehegatte, der mehr hatte, musste dem Ehegatten, der weniger hatte, die Hälfte des „Mehr" in einem Einmalausgleich abgeben. Die Verrechnung erfolgte im Regelfall über die Ansprüche des ausgleichspflichtigen Ehepartners in der gesetzlichen Rentenversicherung (Tabelle).

So funktioniert der Versorgungsablauf nach altem Recht: Die Aufgaben der Familiengerichte

Ehezeitlicher Anteil an der Gesetzlichen Rentenversicherung (GRV)	Nächster Schritt	- Familiengerichte machen Rentenanwartschaften mit Hilfe der sogenannten Barwertverordnung vergleichbar- Familiengerichte erstellen Versorgungsbilanzen beider Ehegatten- Familiengerichte vergleichen Versorgungsbilanzen der Ehepartner	Nächster Schritt	Neue Anwartschaften werden in der Gesetzlichen Rentenversicherung begründet (öffentlich rechtlicher Versorgungsausgleich) Der Restausgleich erfolgt über schuldrechtlichen Versorgungsausgleich	Nächster Schritt	Bei Renteneintritt des Ausgleichspflichtigen ist eine Revision der Versorgungsansprüche beim Familiengericht möglich	
Ehezeitlicher Anteil an Riester-Verträgen							
Ehezeitlicher Anteil an der Betrieblichen Altersvorsorge (BAV)							
Ehezeitlicher Anteil an der privaten Altersvorsorge							

Das allerdings funktionierte nur sehr schlecht, da sich Anwartschaften unterschiedlicher Versorgungssysteme nur begrenzt miteinander verrechnen lassen. Außerdem ist es schwierig, dann auch noch ihre künftigen Wertentwicklungen zu kalkulieren, so dass diese berücksichtigt werden können.

Hoher Aufwand für Arbeitgeber

Darum nahm sich der Gesetzgeber des Themas mit der Zielstellung ausgleichender Gerechtigkeit an. Und er organisierte den neuen Versorgungsausgleich grundlegend anders. Nach dem neuen Recht müssen sämtliche Bausteine der Altersversorgung einzeln miteinander verglichen und ausgeglichen werden. Das betrifft sämtliche Rentenanwartschaften, aber auch Anwartschaften aus der bAV und berufsgenossenschaftliche Versorgungswerke. Künftig muss der Arbeitgeber zudem selbst für die Aufteilung der Betriebsrentenanwartschaften zwischen den Ehegatten sorgen (Tabelle).

▸ **Hinweis:** Unterschätzen Sie nicht den potenziellen Aufwand. Derzeit gibt es rund 190.000 Ehe-Scheidungen pro Jahr. Statistisch gesehen kommen in diesem Zeitraum auf 100 Mitarbeiter rund 2 Scheidungsverfahren. Und 50% aller Arbeitgeber betreiben eine eigene bAV. Betroffen ist damit rund 1% der Bestandsverträge in der betrieblichen Altersvorsorge. Außerdem müssen Arbeitgeber auch die Ansprüche aus der gesetzlichen Rente teilen. Selbst wenn es also keine betrieblichen Altersvorsorgeregelungen gibt, kommt bei Scheidungen Arbeit auf Sie zu.

Schön fair teilen

Arbeitgeber werden so zu aktiv Handelnden im Prozess. Haben Mitarbeiter eine bAV abgeschlossen, müssen Arbeitgeber bei einer Scheidung der Mitarbeiter nun selbst die detaillierte Aufteilung der Betriebsanwartschaften berechnen und dem Familiengericht vorschlagen. Das wird vor allem dann arbeits- und kostenintensiv, wenn Mitarbeiter mehrere Bausteine der Altersvorsorge haben. Denn jeder Baustein muss künftig einzeln ausgewogen und gerecht zwischen den sich Trennenden aufgeteilt werden. Alle einzeln erworbenen Ansprüche werden so im Zuge des Versorgungsausgleichs zwischen den Ehepartnern je zur Hälfte geteilt. Bei dieser internen Teilung kann es häufig wechselseitig zu Ausgleichsforderungen kommen (Terminus Technicus: Hin-und-Her-Ausgleich).

Nur unter ganz eng gesetzten Vorgaben ist auch eine Auslagerung der auf den Partner entfallenden Ansprüche möglich (externe Teilung). Aber auch dieser Weg hat Tücken und birgt vor allem Risiken. Denn Arbeitgeber müssen dann zum Zeitpunkt der Teilung das angesparte Vorsorge-Vermögen an andere Versorgungsträger auszahlen. Das birgt ein Liquiditätsrisiko, zumal die Altersvorsorge oft im Unternehmen investiert ist.

▸ **Hinweis:** Die Folge dieser Vorgehensweise der internen Teilung ist, dass etliche Arbeitgeber künftig den geschiedenen Partner ihres Mitarbeiters vielfach wie einen eigenen Mitarbeiter in das betriebliche Versorgungswerk aufnehmen und dort auch dauerhaft verwalten müssen.

Neue Bürokratie und Risiken für Unternehmer

Auch andere bürokratische Abwicklungswege ändern sich – und das nicht zugunsten der Arbeitgeber. So erhalten Unternehmen zu Beginn eines Scheidungsverfahrens vom Familiengericht ein Formular, in das alle bAV-Anwartschaften eingetragen werden müssen – unabhängig vom Versorgungsträger. Darüber hinaus müssen diverse Auskunftsbögen für jede einzelne Anwartschaft bearbeitet werden. Schließlich werden Arbeitgeber noch zu Koordinatoren der externen Versorgungsträger (z. B. Pensionskassen, Versicherungen), wenn die bAV dort angesiedelt ist.

Der Versorgungsausgleich aus der Sicht der Ehepartner und Arbeitnehmer

Nicht zu unterschätzen ist, dass künftig wohl auch Mitarbeiter auf Arbeitgeber zukommen werden, um sich ggf. hinsichtlich der besten Teilungsmöglichkeiten

So funktioniert der Versorgungsablauf nach neuem Recht			
Die Pflichten der Versorgungsträger in der betrieblichen Altersvorsorge			
Feststellung des ehezeitlichen Anteils an der Betrieblichen Altersvorsorge (bAV)	Die Versorgungsträger sind gegenüber dem Familiengericht auskunftspflichtig und Verfahrensbeteiligte. Die Versorgungsträger berechnen für jede Vorsorgeanwartschaft die ehelichen Anteile, begründen diese und machen dem Familiengericht einen Teilungsvorschlag.	Das Familiengericht prüft die Vorschläge der Versorgungsträger und fällt ein rechtskräftiges Urteil.	Die Versorgungsträger führen die Teilung durch und verwalten die zusätzlichen Anwartschaften ggf. lebenslang.

beraten zu lassen. Denn einerseits ist der neue Versorgungsausgleich für viele Mitarbeiter (voran Frauen) eine Verbesserung. Denn wer als geschiedener ausgleichsberechtigter Ehepartner nach altem Recht auf einen Versorgungsausgleich bei der bAV verzichtete, verschenkte unter Umständen viel Geld. Das galt insbesondere für Frauen, die während der Ehe nicht voll berufstätig waren und deren Ehegatten hohe Anwartschaften auf Betriebsrenten erworben hatten.

Bislang wussten Ausgleichsberechtigte nur, dass sie grundsätzlich Anspruch auf Teile der Betriebsrente ihres Ex-Partners hatten. Welche Summe ihnen konkret zusteht, musste das Familiengericht entscheiden. Denn erst bei Renteneintritt konnte der Anteil an der Betriebsrente des Expartners mit allen Wertsteigerungen nach der Scheidung berechnet werden. Wer den Schritt vor Gericht mit 65 Jahren versäumte, verzichtete auf die zusätzliche Rente.

Experten hatten den Durchblick verloren

Dieses alte Verfahren führte jedoch meist zu falschen Aussagen über die Höhe der Vorsorgeanwartschaften, sodass die Abweichungen der tatsächlichen von der prognostizierten Wertentwicklung in späteren Abänderungsverfahren oder im schuldrechtlichen Versorgungsausgleich – oftmals Jahrzehnte nach der Scheidung – hätten korrigiert werden müssen.

In der Realität vergaßen viele Ausgleichsberechtigte ihre Ansprüche nach vielen Jahren geltend zu machen oder verzichteten freiwillig auf eine Korrektur im Zuge eines Gerichtsverfahren. Hinzu kam, dass das Umrechnungs- und Ausgleichssystem nach ständigen Überarbeitungen heillos kompliziert geworden war.

Die zahlreichen Reformen der Alterssicherungssysteme – insbesondere Anspruchs auf Entgeltumwandlung in der bAV – hatten Ausgleichsregelungen so undurchschaubar gemacht, dass nur wenige Experten überhaupt noch einen Durchblick hatten. Allein schon aus dem verfassungsrechtlichen Gebot einer fairen Verteilung der in der Ehezeit erworbenen Versorgungsanwartschaften war deshalb eine Reform des Versorgungsausgleichs notwendig.

Streit zwischen Ex-Eheleuten vermeiden

An dieser Stelle hakte der Gesetzgeber schließlich ein. Nach der Neuregelung zum 1. September 2009 erwirbt der geschiedene Ehepartner nun zum Zeitpunkt der Scheidung einen direkten Anspruch gegen den Rentenversorger des Ex-Partners. Er muss also vom Unternehmen (Arbeitgeber des Partners) wie ein ausgeschiedener Mitarbeiter behandelt werden. Ein Ausgleichsberechtigter profitiert also automatisch von Steigerungen der Versorgungsanwartschaften. Der Anspruch des Ausgleichspflichtigen reduziert sich entsprechend. Damit wird der Versorgungsausgleich schon bei der Scheidung komplett und endgültig geregelt.

Um Auseinandersetzungen vor dem Familiengericht zu vermeiden, sieht das neue Gesetz lockere Vereinbarungen zwischen den Eheleuten vor. So sind Verträge, die die beiderseitige Altersvorsorge regeln, nicht mehr unwirksam, wenn die Ehe innerhalb eines Jahres geschieden wird. Es empfiehlt sich ein gut durchdachter Ehevertrag, der einen neuen Aspekt enthalten sollte.

Das neue Recht kann nämlich zu erheblichen Nachteilen führen, wenn der geschiedene Partner kurz nach der Scheidung stirbt. Die Rentenansprüche werden nicht wie bisher auf den Vertrag des überlebenden Partners überschrieben. Sie verbleiben beim jeweiligen Versorgungsträger. Wer beispielsweise eine Betriebsrente von 40.000 Euro teilen muss, verliert 20.000 Euro, wenn die Exfrau kurz nach der Scheidung ums Leben kommt. Deshalb ist es wichtig zu wissen, wann nach altem Recht begonnene Verfahren vom neuen Versorgungsausgleich abgelöst werden.

Fazit für Unternehmer

Seit dem 1. September 2009 werden alle neu anhängigen Scheidungen nach neuem Recht abgewickelt. Gleiches gilt für alle Verfahren, die nach diesem Stichtag abgetrennt, ausgesetzt oder ruhend gestellt werden. Das neue Recht gilt auch für alte Scheidungsverfahren, die am 31. August 2010 noch nicht erstinstanzlich entschieden sind.

Die Reform des Versorgungsausgleichs trifft alle Arbeitgeber – nicht nur Unternehmen, die eine bAV anbieten. Schließlich wird das neue Ausgleichsrecht auf sämtliche Betriebsrentenzusagen angewendet – unabhängig vom Durchführungsweg, der Finanzierungsform und der konkreten Zusagegestaltung.

Auch Arbeitgeber, die bislang bei der bAV abseits standen, können sich den neuen Regelungen folglich nicht entziehen. Dafür sorgt allein schon der Anspruch auf Entgeltumwandlung, den jeder Arbeitnehmer geltend machen kann. Denn dieser schafft für jeden Betrieb das Risiko, bei Scheidungen an einem Versorgungsausgleich mitwirken zu müssen. Dieser Aufwand dürfte sich im Laufe der Jahre summieren. Denn der Trend zu einer steigenden Zahl von Scheidungen dürfte stabil bleiben. So wird auch der Aufwand bei Ihnen im Laufe der Zeit in dem Maße wachsen, wie die Zahl der Scheidungsfälle im Betrieb zunimmt.

Rolle rückwärts

Vor allem ändert sich die Rolle von Unternehmern und Arbeitgebern grundlegend. Waren sie bisher beim Versorgungsausgleich Informationslieferanten für die beteiligten Stellen, werden sie nun zum ausführenden Organ. Seit erstem September 2009 wird die Gestaltung und Umsetzung des Versorgungsausgleichs damit zu einer langfristigen operativen Aufgabe für Ihre Personalabteilung. Sie müssen den Versorgungsausgleich direkt abwickeln.

Wir zeigen Ihnen nachfolgend die neuen Regelungen, Anforderungen sowie Probleme, die auf Sie als Arbeitgeber und Versorgungsträger im Zuge von Scheidungsverfahren ihrer Mitarbeiter zukommen. Und wir beleuchten noch ungeklärte Fragen der neuen Gesetzgebung.

Durchführungswege in der Betrieblichen Altersvorsorge

	Pensionszusage (Direktzusage)	Unterstützungskasse	Direktversicherung	Pensionskasse	Pensionsfonds
Zusagen des Arbeitgebers	Der Arbeitgeber sagt seinen Arbeitnehmern (direkt) eine Versorgungsleistung wie z.B. eine Altersrente zu und leistet diese im Versorgungsfall selbst.	Der Arbeitgeber lässt seinen Arbeitnehmern durch eine U-Kasse Versorgungsleistungen zusagen	Der Arbeitgeber schließt auf das Leben seiner Arbeitnehmer Kapital- oder Rentenversicherungen ab, aus denen der Arbeitnehmer oder seine Hinterbliebenen ganz oder teilweise bezugsberechtigt sind.	Der Arbeitgeber lässt seinen Arbeitnehmern durch eine Pensionskasse Versorgungsleistungen zusagen	Der Arbeitgeber lässt seinen Arbeitnehmern durch einen Pensionsfonds Versorgungsleistungen zusagen
Versorgungsträger	Arbeitgeber	Unterstützungskasse	Lebensversicherer	Pensionskasse	Pensionsfonds
Rechtsanspruch	ja	nein, aber es besteht durch die Rechtsprechung ein Rechtsanspruch nach Eintritt der Unverfallbarkeit	ja	ja	ja
Haftung/Absicherung	Betrieb haftet voll durch Absicherung über den PSV	Betrieb haftet voll durch Absicherung über den PSV	Leistungsrisiko liegt beim Versicherer, keine PSV-Absicherung	Leistungsrisiko liegt bei der Pensionskasse, keine PSV-Absicherung	Leistungsrisiko liegt beim Pensionsfonds und beim Arbeitgeber, bei dem aber nur bis zur Höhe der Leistungszusage. Absicherung durch den PSV
Leistungen wie: Lebensversicherung Fondspolice Rentenpolice Fondsrentenpolice Fondsauszahlplan	ja ja ja ja ja	ja nein ja nein ja (U-Kasse ohne Rückdeckung)	nein1) nein1) ja ja ja	nein1) nein1) ja ja ja	nein nein ja ja ja
Auszahlung: als Kapitalsumme als Rente	ja ja	ja ja	nein2) ja	nein2) ja	nein ja

1) nur bei Altverträgen mit Pauschalsteuer; 2) nur bei Altmodellen zulässig

Versorgungsausgleich: Operativ

Mit der Neuregelung des Versorgungsausgleichs kommt eine Menge Arbeit auf Arbeitgeber und Personalabteilungen zu. Das beginnt bei der Kommunikation mit dem Familiengericht und endet bei detaillierten Vorschlägen zur Organisation des Ausgleichs. Worauf müssen Sie sich einstellen?

Jährlich gibt es in Deutschland etwa 380.000 „Ja-Worte" und etwa 190.000 Scheidungsfälle. Bei 1 bis 2 Scheidungen pro 100 Mitarbeiter je Jahr kommen damit auf Arbeitgeber letztlich nennenswerte zusätzliche Belastungen zu. Die neuen Regeln für Zugewinn und Versorgungsausgleich gelten nicht nur für Eheleute, sondern auch für seit 2005 eingetragene Lebenspartnerschaften.

Neue Pflichten für Arbeitgeber

Zu Beginn des Scheidungsverfahrens erhält der Arbeitgeber vom Familiengericht ein Formular, in das er alle Anwartschaften der bAV, unabhängig vom Versorgungsträger eintragen muss. Darüber hinaus bekommt er einen Auskunftsbogen, der für jede einzelne Anwartschaft gesondert auszufüllen ist.

Bei einer Pensionszusage ist der Arbeitgeber selber auskunftpflichtig. Bei externen Versorgungsträgern wie Direktversicherungen, Pensionskassen, Unterstützungskassen oder Pensionsfonds ist der Arbeitgeber verpflichtet, den Auskunftsbogen weiterzuleiten (siehe Tabelle). Um welche Pflichten und Auskünfte es sich dabei genau handelt, wird im Laufe dieses Kapitels noch beleuchtet.

▸ **Hinweis:** Nicht bei jeder Scheidung ist auch ein Versorgungsausgleich fällig. Deshalb ist erst einmal die Grundinformation wichtig, welche Bausteine der betrieblichen Altersvorsorge ausgeglichen werden müssen und wann auf einen Versorgungsausgleich verzichtet werden kann.

Der Versorgungsausgleich umfasst die Alters- und Invaliditätsversorgung beziehungsweise – soweit zusätzlich zugesagt – die Hinterbliebenenversorgung. Besteht die Zusage nur auf einer „isolierten" Hinterbliebenenversorgung, ist diese nicht in den Versorgungsausgleich einzubeziehen.

Wann ein Versorgungsausglich stattfindet

Der Versorgungsaugleich erfolgt unabhängig vom Durchführungsweg bei allen Versorgungsträgern. Bei der Direktzusage (Pensionszusage) sind Arbeitgeber und Versorgungsträger identisch. Bei anderen Durchführungswegen – Direktversicherung, Pensionskasse, Pensionsfonds oder Unterstützungskasse – sind meist Versicherungen die Versorgungsträger.

Dennoch können Sie als Arbeitgeber auch dann mittelbar betroffen sein wie zum Beispiel bei Konzern-Pensionskassen oder Unterstützungskassen. Bei rückgedeckten Pensionszusagen (z.B. deferred compensation, beitragsorientierte Leistungszusagen) oder rückgedeckten Unterstützungskassen, werden auch die Rückdeckungsversicherer bei der Gestaltung und Umsetzung mittelbar gefordert sein (siehe Übersichten S. 8 und 9).

Für die Teilung der Anwartschaften spielt es daher faktisch keine Rolle, ob die Altersvorsorge durch den Arbeitgeber oder durch Entgeltumwandlung des Lohns und Gehalts finanziert wird. Auch ob die Zusage in Form

Wie Arbeitgeber von der Teilung der Versorgungsansprüche betroffen sind

Durchführungsweg	Verfahrensbeteiligte	Indirekt Beteiligte
Direktzusage, Pensionszusage	Arbeitgeber	
Direktversicherung	Versicherungsunternehmen	
Rückgedeckte Direktzusage, Pensionszusage	Arbeitgeber	Rückdeckungsgesellschaft, Fondsgesellschaft
Pensionskasse, Pensionsfonds	Pensionskasse, Pensionsfonds	Arbeitgeber im Falle von Firmen- oder Konzern-Pensionskassen oder Pensionsfonds
Rückgedeckter Pensionsfonds	Pensionsfonds	Rückdeckungsversicherer
Unterstützungskasse	Unterstützungskasse	Arbeitgeber im Falle von Firmen- oder Konzern-Unterstützungskassen
Rückgedeckte Unterstützungskasse	Unterstützungskasse	Rückdeckungsversicher

UNSERE FORMEL FÜR LANGZEITKONTEN.

Top-Anbieter von Zeitwertkont
Bestnote „Uneingeschränkt empfehlenswe
laut Fachinformationsdienst **Fuchsbriefe 2**

FIDELITY DEMOGRAFIEFONDS – EINE GUTE INVESTITION FÜR DIE ZUKUNFT.

Mit den neuen Demografiefonds von Fidelity wurden Investmentlösungen entwickelt, die den aktuellen gesetzlichen Anforderungen für Zeitwertkonten entsprechen. Die Palette umfasst risikooptimierte und zugleich renditestarke Fonds zur flexiblen Verwendung des Wertguthabens und für den Vorruhestand.

Setzen Sie zur variablen Gestaltung der Lebensarbeitszeit Ihrer Mitarbeiter auf Komplettlösungen aus einer Hand.

Informieren Sie sich jetzt:
06173 / 509 32 19
bav@fidelity.de
www.fidelityinstitutional.de

Von den Chemie-Sozialpartnern empfohlen:

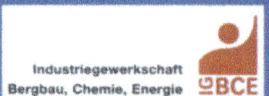

DER GLOBALE INVESTMENT SPEZIALIST

einer Rente- oder Kapitalauszahlung gemacht wurde, ist unerheblich.

Wann sich ein Versorgungsausgleich erübrigt

Anrechte auf bAV, bei denen das Gesetz zur Verbesserung der betrieblichen Altersversorgung (BetrAVG) als Arbeitnehmerschutzgesetz keine Anwendung findet, fallen nur dann in den Anwendungsbereich des Versorgungsausgleichs, wenn die Anwartschaft in Form einer Rente besteht (beispielsweise bei herrschenden Gesellschafter-Geschäftsführern).

Nicht einbezogen in den Wertausgleich werden noch verfallbare Ansprüche nach dem Betriebsrentengesetz, da sie zum Zeitpunkt der Scheidung noch nicht gesichert sind. Möglich bleibt aber ein späterer schuldrechtlicher Ausgleich – also die Einforderung vor dem Familiengericht. Das ist ein zusätzliches Risiko für Arbeitgeber.

Werden diese Rechte unverfallbar, kann der ausgleichsberechtigte Partner deren schuldrechtlichen Ausgleich beim Familiengericht beantragen. Der Ausgleich kann frühestens zu dem Zeitpunkt verlangt werden, zu dem der ausgleichspflichtige Ehegatte aus dem Anrecht eine Rente bezieht. Sind die auszugleichenden Beträge gering, kann das Familiengericht den schuldrechtlichem Ausgleich ablehnen.

Ausnahmen bestätigen die Regel

Um die Arbeitgeber, Versorgungsträger und Familiengerichte vor unverhältnismäßigen Belastungen zu schützen, hat der Gesetzgeber noch weitere Ausnahmefälle zugelassen, in denen ein Versorgungsausgleich nicht oder nur teilweise gemacht werden muss. Dazu zählen:

- Eine kurze Ehezeitdauer. Bei einer Ehezeit bis zu drei Jahren findet der Versorgungsausgleich nur auf Antrag eines Ehegatten statt. Denn während dieser kurzen Zeit werden im Normalfall keine erheblichen Versorgungsanrechte aufgebaut.

- Freiwilliger Ausschluss. Im Vorfeld einer Scheidung können Eheleute jederzeit eine einen Versorgungsausgleich ganz oder teilweise ausschießen. Damit entfällt die bisherige Wartefrist von einem Jahr für Verträge zum Versorgungsausgleich. Die Vereinbarung muss notariell bestätigt werden.

- Der freiwillige Ausschluss oder Teilausschluss kann auch die Vermögensverhältnisse mit einbeziehen. Dabei können beispielsweise Versorgungsanrechte mit dem Zugewinn verrechnet werden – so zum Beispiel Eigenheim gegen Betriebsrente getauscht werden. Es ist möglich, eine solche Vereinbarung auch noch im Gerichtsverfahren zu schließen.

- Geringfügiger Wertunterschied der Anrechte. Haben beide Partner beim selben Arbeitgeber gearbeitet und sich während der Ehezeit für den gleichen privaten Anbieter einer zusätzlichen Altersvorsorge entschieden, werden diese Anrechte gleicher Art zunächst verrechnet und nur der Unterschiedsbetrag ausgeglichen. Der Ausgleich entfällt, wenn der Unterschiedsbetrag eine Bagatellgrenze nicht überschreitet. Der entsprechende Betrag wird jährlich neu festgesetzt. Er richtet sich nach dem Durchschnittsentgelt der gesetzlichen Rentenversicherung im vorvergangenen Kalenderjahr, aufgerundet auf den nächsthöheren, durch 420 teilbaren Betrag (§18 Abs.1 SGB IV). In 2009 liegt diese Bagatellgrenze bei einer monatlichen Rente von 25,20 Euro und einem Kapitalbetrag von 3.024 Euro.

- Geringfügiger Ausgleichswert. Ist ein einzelnes in der Ehezeit erworbenes Anrecht so gering, dass der entsprechende Ausgleichswert nur geringfügig ist, sind die Familiengerichte ebenfalls gehalten, von einem Ausgleich abzusehen.

- Grobe Unbilligkeit. Ein Versorgungsausgleich bleibt zudem ebenfalls aus, wenn besondere Härtefalle vorliegen. Das ist zum Beispiel der Fall, wenn der ausgleichsberechtigte Partner in der Ehezeit einen Ausgleichspflichtigen angegriffen oder zu töten versucht hat.

Teile und rechne: Was auf Sie zukommt

Damit müssen Sie sich als Arbeitgeber auf das neue Recht einstellen. Wenngleich auch in unterschiedlichem Ausmaß. Dies gilt umso mehr, als Pensionszusagen der Arbeitgeber 55% der Deckungszusagen in der bAV ausmachen. Der Arbeitgeber ist also direkt auch Versorgungträger ist.

▶ **Hinweis:** Jeder zweite Arbeitgeber wird künftig also nicht nur die Teilungsbeträge berechnen. Er wird auch ein lebenslanges Vorsorgekonto für den Ausgleichsberechtigten als fiktiven neuen Mitarbeiter einrichten müssen (siehe Grafik S.12).

Und weil das noch nicht kompliziert genug ist, gibt es noch ein Bürokratie-Bonbon extra: Denn die wesentlichste Neuerung der Reform ist, dass grundsätzlich jedes einzelne in der Ehezeit aufgebaute Anrecht im jeweiligen Versorgungssystem zwischen den Ehegatten zur Hälfte geteilt wird – auch Realteilung genannt. Das heißt, es

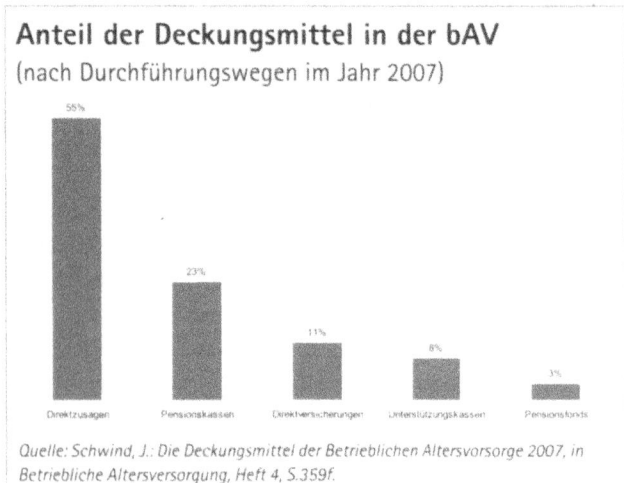

Quelle: Schwind, J.: Die Deckungsmittel der Betrieblichen Altersvorsorge 2007, in Betriebliche Altersversorgung, Heft 4, S.359f.

werden alle Anrechte wie zum Beispiel aus einer gesetzlichen Rentenversicherung, einer Beamtenpension oder privaten sowie bAV separat ausgeglichen! Bei einer bAV werden natürlich entsprechend innerhalb jedes Durchführungsweges die Vorsorgeanrechte geteilt.

Die Realteilung nach neuem Recht: „Alles durch zwei"

Es wird also „hin und her" ausgeglichen. Jeder Ehegatte kann – abhängig von den einzelnen Vorsorgewegen – ausgleichsberechtigt oder ausgleichsverpflichtet sein. Da die meisten Versorgungsträger bislang eine solche Real-

Hin- und Her-Ausgleich: Ein Beispiel

Ein Ehegatte hat in 15 Ehejahren einen Anspruch auf 400 Euro Rente in der gesetzlichen Rentenversicherung erworben. Davon steht der Ehefrau die Hälfte zu. Nach der Scheidung werden der Frau also Ansprüche auf 200 Euro Monatsrente in der gesetzlichen Rentenversicherung gutgeschrieben. Der Rentenanspruch des Ehemanns wird entsprechend gekürzt.

Zusätzlich hat der Ehemann während der Ehe Anspruch auf eine Betriebsrente von 20.000 Euro bei seinem Arbeitgeber erworben. Der geschiedenen Ehefrau muss der Arbeitgeber künftig ein eigenes Betriebsrentenkonto mit einem Kapitalwert von 10.000 Euro einrichten.

Da die Ex-Frau während der Ehe als verbeamtete Lehrerin gearbeitet hat, steht ihr für diese Zeit ein Pensionsanspruch von 600 Euro monatlich zu. Wichtig: Auch sie muss die Hälfte abgeben. Der Ex-Mann erwirbt einen Anspruch auf monatlich 300 Euro Pension in der Beamtenversorgung.

teilung ausgeschlossen hatten, müssen sich die meisten privaten und betrieblichen Versorgungsträger erstmals mit der umfassenden Materie befassen.

Da grundsätzlich jedes einzelne Anrecht auf eine Vorsorge geteilt wird, können die damit verbundenen Aufgaben und Pflichten einen Arbeitgeber auch mehrfach treffen. Denn mittlerweile ist es durchaus keine Ausnahme mehr, dass die Mitarbeiter eines Unternehmens über verschiedene betriebliche Zusagen verfügen.

Diese Berechnung kann in Einzelfällen sehr kompliziert werden. Denn die Anrechte für eine bAV können beispielsweise in einem Betrieb aus folgenden Komponenten bestehen:

- Entgeltumwandlung über eine pauschal versteuerte Direktversicherung

- Entgeltumwandlung aus einer Pensionskasse

- sowie „aufgeschobene Vergütungen" (deferred compensation) für Führungskräfte über eine

  - firmeneigene Unterstützungskasse oder

  - arbeitgeberfinanzierte Versorgung über eine Pensionszusage

  - plus einer Auslagerung der Pensionszusagen über einen Pensionsfonds

▶ **Hinweis:** Arbeitgeber sind dann von der Teilungsregelung gleich mehrfach betroffen. Das hat nicht nur hohen zusätzlichen Verwaltungsaufwand, sondern auch nicht unbeträchtliche Zusatzkosten zur Folge. Das gilt natürlich auch dann, wenn Mitarbeiter innerhalb eines Betriebs über mehre Vorsorgebausteine verfügen – was ebenfalls immer häufiger vorkommt.

Mehr Versorgungsbausteine, mehr Aufwand

Hat z. B. ein Arbeitnehmer einen tarifvertraglichen Anspruch auf eine Betriebsrente aus einer von den Tarifparteien getragenen Pensionskasse, zusätzlich einen Anspruch auf eine vom Arbeitgeber finanzierte Direktzusage in Form einer Einmalkapitalauszahlung und zudem auch noch einen Anspruch auf Entgeltumwandlung in einen Pensionsfonds, ist jedes einzelne Anrecht im jeweiligen Durchführungsweg einzlen zu teilen.

Dabei dürfen die Anrechte nicht saldiert werden. Denn das, so der Gesetzgeber, würde dem Grundsatz zuwider laufen, dass die Partner auch nach der Scheidung an den unterschiedlichen Chancen und Risiken der jeweiligen Versorgung teilhaben sollen.

Die Aufteilung im Detail erfolgt zwar durch die Familiengerichte. Doch sind die Versorgungsträger verpflichtet, alle dazu notwendigen Informationen inklusive der Berechnung der Versorgungsansprüche zu liefen. Diese sogenannte Auskunftpflicht erfordert großen zusätzlichen bürokratischen Aufwand.

Auskunftspflichten der Versorgungsträger

Die rechtsgültige Entscheidung, wie die Teilung erfolgen soll, treffen dann aber die Familiengerichte (Übersicht unten). Bevor es dazu kommen kann, gibt es für die Arbeitgeber neben bestimmten Verfahrensrechten auch Verfahrenspflichten. Im juristischen Sinne haben die Versorgungsträger des Ausgleichsverpflichteten sowie des zukünftigen Ausgleichsberechtigten einen Beteiligungsstatus im gerichtlichen Verfahren.

So ist es im § 219 Familiengesetz (FamFG) festgelegt. Das Gericht kann damit z. B. sogar das persönliche Erscheinen der Versorgungsträger, also der Arbeitgeber, zum Sitzungstermin anordnen, sollte dies zur Klärung des Sachverhalts sachdienlich erscheinen. In der Praxis dürfte das eher selten der Fall sein. Denn die Versorgungsträger bzw. der Arbeitgeber sind im Vorfeld des Verfahrens zu umfassenden Auskünften verpflichtet.

Zu den Verfahrenspflichten gehören insbesondere Auskunftspflichten über den Bestand und Höhe der Versorgungsanrechte. Welche Auskünfte das im Einzelnen sind, ist aus einem Formular ersichtlich, das vom Familiengericht zugesendet wird. Die erforderlichen Angaben können aber auch im sogenannten „automatisierten Verfahren" per elektronischem Datenaustausch übermittelt werden.

Kostenrisiko für Arbeitgeber

Die zentrale Vorschrift für den Inhalt der Auskunft ist in § 220 Abs.4 des FamFG festgehalten. Danach ist der Versorgungsträger verpflichtet, die benötigten Werte „einschließlich einer übersichtlichen und nachvollziehbaren Berechnung sowie der für die Teilung notwendigen Regelungen mitzuteilen."

▸ **Hinweis:** Der Ehezeitanteil muss ohne Abzug möglicher Kosten mitgeteilt werden. Bei einer Rentenzusage ist das der Rentenwert zuzüglich des korrespondierenden Kapitalwertes. Der Kapitalwert ist gleich dem Übertragungswert nach dem Betriebsrentengesetz, der bei einem Arbeitgeberwechsel oder einer Abfindung mitgeteilt wird.

Der Übertragungswert entspricht bei einer unmittelbaren Pensionszusage durch den Arbeitgeber oder einer Unterstützungskasse dem Barwert der in der Ehezeit erdienten künftigen Versorgungsleistungen. Als Rechnungszins wird der für die Handelsbilanz anzusetzende Zinssatz berücksichtigt. Der steuerliche Rechnungszins darf nicht verwendet werden. Bei externen Durchführungswegen entspricht der Kapitalwert dem gebildeten Versicherungswert bezogen auf die Ehezeit.

Wofür Familiengerichte und Versorgungsträger zuständig sind

Das Familiengericht	Der Versorgungsträger
stellt die Anfrage an den Versorgungsträger, prüft und entscheidet	gibt Auskunft und setzt die Entscheidung des Familiengerichts um

verlangt Auskünfte über das betroffene Anrecht, Daten zur Ehezeit und sonstige Vorgaben	gibt Auskunft und berechnet den Ausgleichswert, ermittelt den Ehezeitanteil des Anrechts als
	    Rentenbetrag oder
	    Kapitalwert oder
	    andere versorgungssystemspezifische Bezugsgröße
	
	macht einen Vorschlag für den Ausgleichswert (ggf. mit Kostenabzug)
	
	erstellt eine nachvollziehbare und transparente Übersicht über den Berechnungsweg und seine Grundlagen sowie ggf. die für die Teilung maßgebliche Regelung
	
	teilt mit, ob er eine externe Teilung favorisiert

prüft die Angaben und Berechnungen des Versorgungsträgers und fällt eine rechtsgültige Entscheidung	vollzieht die Entscheidung des Familiengerichts. Es erfolgt eine interne oder externe Teilung.

Neben dem Ehezeitanteil muss der Versorgungsträger auch den Ausgleichswert mitteilen, der dem Ausgleichsberechtigten zusteht. Analog zum Ehezeitanteil beträgt er die Hälfte des Kapitalwerts bzw. die Hälfte des Rentenbetrages. Allerdings ist das nicht immer auch die numerische Hälfte. Das wäre ja auch zu einfach gewesen. Das kann unter anderem damit zusammenhängen, dass das Deckungskapital so verteilt werden muss, dass für die Ehegatten gleich hohe Rentenbeträge entstehen.

Beim Vorschlag für den Ausgleichswert sind ferner die Kosten auszuweisen, die bei einer internen Teilung vom Ausgleichspflichtigen und Ausgleichsberechtigten zu tragen sind. Das Familiengericht kann damit aus der Auskunft erkennen, wie hoch der Ausgleichswert mit und ohne Kosten ist.

Außerdem muss der Versorgungsträger die „für die Teilung maßgeblichen Regelungen" mitteilen. Dabei dürfte dem Gericht der Verweis auf die allgemeinen Vertragsbedingungen oder auf die Satzung in der Regel genügen. Grundsätzlich sind Arbeitgeber bzw. Versorgungsträger zu einer internen Teilung der Versorgungsansprüche verpflichtet. Nur unter bestimmten Voraussetzungen kann auch eine externe Teilung in Frage kommen.

Der Arbeitgeber arbeitet, das Gericht entscheidet

Der Versorgungsträger teilt dem Gericht in seiner Auskunft mit, ob er sein Recht auf eine externe Teilung ausüben will. Sollte ein solches Recht nicht bestehen (siehe S. 17, externer Versorgungsausgleich), ist es ratsam dem Gericht mitzuteilen, ob eine externe Teilung trotzdem gewünscht wird. So können Zeitverzögerungen vermieden werden, die durch einen erneuten Schriftwechsel entstehen würden.

Ob und wie dann der Versorgungsausgleich stattfindet beschließt das Familiengericht. So kann der Versorgungsträger anhand des Beschlusses erkennen, ob noch weiterer Verwaltungsaufwand auf ihn zukommt. Fühlt sich der Versorgungsträger (Arbeitgeber) durch den Beschluss in seinen Rechten beeinträchtigt, kann er je nach Art der Beschwerde innerhalb einer Frist von zwei Wochen Beschwerde einlegen (§59, Abs.1 FamFG). In einigen Fällen beträgt diese Frist vier Wochen.

Interne Teilung: Versorgungsausgleich im Detail

Der Versorgungsausgleich wird grundsätzlich nur noch im Rahmen einer Internen Teilung durchgeführt. Damit sind Arbeitgeber, die eine Direktzusage erteilt haben, wie alle anderen Versorgungsträger grundsätzlich auch zu einer internen Teilung verpflichtet.

Das heißt: Jedes in der Ehe erworbene Anrecht wird im jeweiligen Versorgungssystem – also intern – je zur Hälfte geteilt. Der jeweils ausgleichsberechtigte Mitarbeiter erhält ein eigenes „Konto" beim Versorgungsträger des ausgleichspflichtigen Partners. Tritt für den Ausgleichsberechtigten der Versorgungsfall ein, erhält er z.B. eine Betriebsrente vom Arbeitgeber des Ex-Gatten.

Kosten der internen Teilung

Mit dem Beschluss des Familiengerichts, dass eine Teilung vorzunehmen ist, wird ein Rechtsverhältnis zwischen der ausgleichsberechtigten Person (Ex-Partner des Mitarbeiters) und dem Versorgungsträger geschaffen. Für den Vollzug des Beschlusses – sprich die Teilung der Ansprüche und die Einrichtung eines Versorgungskontos – hat wiederum der Versorgungsträger (oft der Arbeitgeber) zu sorgen.

Für die interne Teilung entstehende Kosten darf der Versorgungsträger (Arbeitgeber) angemessen berücksichtigen und mit den Anrechten des Ausgleichspflichtigen und Ausgleichsberechtigten je zur Hälfte verrechnen. Umlegbar sind aber nur die Teilungskosten. Dabei hat der Versorgungsträger die Möglichkeit, einen „angemessenen" pauschalen Kostensatz zu nehmen. Als angemessen laut Gesetzesbegründung kann z.B. ein pauschaler Abzug von 2 bis 3% des Deckungskapitals (Kapitaldeckung) gelten.

Grenzkosten und Kostengrenzen

Auch hier gibt es aber Grenzen. Hintergrund: Bei langer Ehedauer und entsprechend hohem Deckungskapital würde ein nach oben unbegrenzter starrer prozentualer Abzug zu unangemessenen Kosten führen. Das würde kein Familiengericht akzeptieren, das die angesetzten Kosten penibel kontrolliert.

Zwar seien 2 bis 3% für die komplexe Berechnung der Versorgungsansprüche durchaus angemessen. Allerdings hält der Gesamtverband der Versicherungswirtschaft hier eine Obergrenze für denkbar. Beispiel: Hat ein Paar Kapital von 300.000 Euro in einem Versorgungsvertrag angesammelt, müsste es zwischen 6.000 und 9.000 Euro als Gebühr für die Teilungsberechnung zahlen. Das wird so wohl nicht zulässig sein. Letztlich entscheidet das Familiengericht, was angemessen ist.

Es ist also Vorsicht angebracht. Natürlich können Sie den pauschalen Kostenansatz schematisch anwenden. In Fällen mit einer hohen Deckungssumme werden Sie dann aber vom Familiengericht ausgebremst werden. Es wird den Kostenansatz abschlägig bescheiden und Sie auffordern, eine plausible Obergrenze für die Kostenberechnung anzugeben.

▸ **Hinweis:** Bei großen Unternehmen oder vielen Ausgleichsfällen kann es sich lohnen, von sich aus auf die schematische Kostenberechnung zu verzichten. Wenn Sie plausible Ober- und Untergrenzen festlegen, können Sie sich dann die doppelte Kommunikation mit dem Familiengericht sparen.

Nicht umlegen dürfen Arbeitgeber und Versorgungträger übrigens die Kosten, die zuvor anlässlich seiner Auskunftspflichten entstanden sind wie z.B. die Kosten für die Ermittlung und Berechnung der Ehezeitanteile. Im Klartext: Auf den aufgezwungenen Verwaltungskosten zur Berechnung der Ehezeitanteile bleiben Arbeitgeber sitzen.

Verpflichtung zu wertgleichem Ausgleich

Komplizierter noch: Arbeitgeber müssen die ausgleichsberechtigten Ehepartner wie eigene ausgeschiedenen Mitarbeiter behandeln. In der Scheidungsphase werden z. B. Arbeitgeber, die eine Pensionszusage gegeben haben, als Versorgungsträger in die Pflicht genommen. Sie müssen dann den Ehezeitanteil des Anrechts in Form eines Rentenbetrages, eines Kapitalwertes oder einer anderen für das Versorgungssystem maßgeblichen Bezugsgröße ermitteln.

Das heißt, die ausgleichsberechtigte Person erhält ein eigenständiges und entsprechend gesichertes Anrecht mit vergleichbarer Wertentwicklung, das über einen grundsätzlich vergleichbaren Risikoschutz wie beim Auskunftspflichtigen verfügt. Das gilt auch für Verträge, die eine Anwartschaft zur Absicherung des Invaliditätsrisikos und/oder eine Todesfallversorgung für die Hinterbliebenen beinhalten.

▸ **Hinweis:** Mit der Aufnahme geschiedener Partner, also von Betriebsfremden, ändert sich damit für den Arbeitgeber das Risiko von Invalidität bzw. das Risiko, beim Tod des Ausgleichsberechtigten an die Hinterbliebenen eine Rente zahlen zu müssen. Der Gesetzgeber hat allerdings die Möglichkeit geschafen, den Risikoschutz auf eine Altersvorsorge zu beschränken. Für den Wegfall des Invaliditäts- bzw. Todesfallschutz beim Ausgleichsberechtigten muss dann aber ein zusätzlicher Ausgleich erfolgen.

Versorgungsträger in der Haftung

Da Ausgleichsberechtigte wie ausgeschiedene Mitarbeiter behandelt werden, haben Arbeitgeber und Versorgungsträger auf der einen Seite und Versorgungsberechtigte andererseits bestimmte Rechte und Pflichten nach dem Betriebsrentengesetz (Gesetz zur Verbesserung der betrieblichen Altersversorgung, BetrAVG). Konkret bedeutet die Stellung des ausgeschiedenen Mitarbeiters:

- Der Betrieb haftet dafür, dass die Rente in versprochener Höhe gezahlt wird.

- Bei Insolvenz des Arbeitgebers haftet bei den Durchführungswegen Direktzusage, Unterstützungskassen und Pensionsfonds der Pensions-Sicherungs-Verein auf Gegenseitigkeit (PSVaG). Der Arbeitgeber zahlt die Beiträge. Bei Betriebsrenten über eine Direktversicherung oder Pensionskasse entfällt die zusätzliche Sicherungspflicht, da beide Versorgungsträger unter die Versicherungsaufsicht mit strengen Anlagevorschriften fallen. Darüber hinaus hat der Gesetzgeber einen staatlichen Sicherungsfonds für Lebensversicherungen gegründet, bei dem deutsche Direktversicherer Pflichtmitglieder sind.

- Der Arbeitgeber hat je nach Ausgestaltung und Durchführungsweg die Anpassung der laufenden Leistungen zu überprüfen (alle drei Jahre).

- Der Ausgleichsberechtigte hat ein Anrecht auf Übertragung auf einen neuen Arbeitgeber – allerdings nur dann, wenn der ausgleichsberechtigte Ehepartner innerhalb eines Jahres nach Übertragung des Anrechts den Arbeitgeber wechselt. Es kann also passieren, dass Sie einen neuen Mitarbeiter einstellen (der eine alte BAV vom vorigen Arbeitgeber hat) und dann seinen bereits geschiedenen Partner mit als Ausgleichsberechtigten in ihre Personalakten aufnehmen und mitführen müssen.

▸ **Hinweis:** Für Streitigkeiten zwischen Versorgungsträger und Ausgleichsberechtigten ist das Arbeitsgericht zuständig.

Probleme der internen Teilung bei der Pensionszusage

Bei der internen Teilung gelten für den Ausgleichsberechtigten die Vorschriften des Betriebsrentengesetzes,

Die bequeme Lösung für Ihr Unternehmen: Betriebliche Altersversorgung

Sprechen Sie mit uns!

Niedrige Kosten, wenig Aufwand: die R+V-Direktversicherung

Versorgungslücken steuergünstig schließen: die R+V-Unterstützungskasse

Der sichere Weg für den Mittelstand: die R+V-Pensionskasse

Flexibel bleiben und Risiken minimieren: die R+V-Rückdeckungsversicherung

Überdurchschnittliche Renditechancen: der R+V-Pensionsfonds

www.ruv.de

Im FinanzVerbund der Volksbanken Raiffeisenbanken

BESSE**R+V**ORSORGEN

weil der Ausgleichsberechtigte wie ein ausgeschiedener Mitarbeiter behandelt werden muss. Seine Anwartschaft bzw. die Versorgung ist damit im Zuge der Arbeitgeberhaftung geschützt. Es gelten die im Betriebsrentengesetz festgelegten Regelungen zur Portabilität (Mitnahme des Übertragungswertes zum einem neuen Arbeitgeber), zur Rentenanpassung und zur Insolvenzsicherung.

- Die Umsetzungen der gesetzlichen Verpflichtungen führen wie die Führung eines lebenslangen Vorsorgekontos auf Seiten der Arbeitgeber zu Mehrkosten. Beispielhaft seien hier die Pflichtabgaben des Arbeitgebers an den Pensionssicherungsverein genannt, der im Falle einer Insolvenz des Arbeitgebers (z. B. Unternehmenspleite) die weitere Anwartschaft auf eine Altersvorsorge für den Ausgleichsberechtigten garantiert.

- Zusätzlicher Verwaltungsaufwand entsteht beispielsweise durch die Anpassungsprüfungspflicht der Renten und das Abführen von Krankenkassenbeiträgen in der Auszahlphase. Hinzu kommen bei Pensionszusagen entsprechende mathematische Gutachten für die Steuerbilanz und künftig die Handelsbilanz.

Kostenfalle Verwaltungskosten

Arbeitgeber können Teilungskosten nur einmalig geltend machen. Zudem muss das Familiengericht diese Kosten als „angemessen" ansehen. Die laufenden zusätzlichen Verwaltungskosten können von Arbeitgebern nicht gegengerechnet werden.

Weiteres Problem: Die ausgleichsberechtigte Person erhält ein eigenständiges und entsprechend abgesichertes Versorgungsanrecht. Das muss eine dem Auskunftspflichtigen vergleichbare Wertentwicklung ausweisen. Viele Ausgleichspflichtige haben jedoch Vorsorgeverträge abgeschlossen, die nicht nur zukünftige Renten oder Kapitalabfindungen zusichern. Die im Zuge einer Scheidung zu teilenden Verträge beinhalten vielfach auch noch eine Anwartschaft zur Absicherung des Invaliditätsrisikos und/oder eine Todesfallversorgung für die Hinterbliebenen.

▸ **Hinweis:** Mit der Aufnahme geschiedener Partner, also von Betriebsfremden, ändert sich damit für den Arbeitgeber das Risiko, bei Invalidität oder Tod des Ausgleichsberechtigten an die Hinterbliebenen eine Rente zahlen zu müssen. Die Vereinbarung von Zusatzleistungen sorgt damit für nicht unerhebliche, zusätzliche Kalkulationsrisiken im Betrieb.

Der Gesetzgeber hat das zwar gesehen und die Möglichkeit geschaffen, den Risikoschutz auf eine Altersvorsorge zu beschränken. Für den Wegfall des Invaliditäts- bzw. Todesfallschutz beim Ausgleichsberechtigten muss dann aber ein zusätzlicher Ausgleich erfolgen. Die Berechnung und Umsetzung dieses Ausgleichs wiederum ist ebenfalls mit höheren Kosten verbunden, die allein der Versorgungsträger (Arbeitgeber) zu tragen hat. Dabei können sich außerdem Bewertungsprobleme ergeben, die versicherungsmathematische Lösungen und nicht selten den Einsatz externer Experten erforderlich machen werden.

Externe Teilung: Versorgungsausgleich außerhalb des Unternehmens im Detail

Im Gegensatz zur internen Teilung wird der Ehegatte bei der externen Teilung nicht in das Versorgungssystem des ausgleichspflichtigen Ex-Partners mit aufgenommen. Stattdessen wählt der Ausgleichsberechtigte einen anderen Vorsorgeträger aus, an den der Vorsorgeträger des Ausgleichspflichtigen den Kapitalwert der Vorsorgeanwartschaft zum Zeitpunkt der Scheidung zahlt.

▸ **Hinweis:** Hier kann es für Unternehmen zu einem Liquiditätsrisiko kommen. Denn oft ist der Kapitalwert im Unternehmen gebunden (ausführlich dazu S. 19).

Ausgleichsberechtige und Arbeitgeber des Ausgleichspflichtigen können aber auch vereinbaren, dass der Arbeitgeber eine Zielversorgung im Zuge der externen Teilung auswählt. Ein Arbeitgeber, der dem Ausgleichspflichtigen eine Pensionszusage gegeben hat, kann dem ausgleichsberechtigten Ehepartner anbieten, dass z.B. eine Direktversicherung oder eine Pensionskasse den im Zuge der Teilung zustehenden Kapitalbetrag übernimmt.

Mit der Zahlung des Ausgleichswertes erlischt die Zusage des Arbeitgebers für eine Anwartschaft des Ausgleichsberechtigten Ex-Partners des eigenen Mitarbeiters ein Vorsorgekonto einzurichten. Dieses wird nun von dem externen Versorgungsträger (z. B. Versicherung) geführt.

▸ **Hinweis:** Eine vorzeitige Auszahlung des Kapitalwerts an den Ausgleichsberechtigten ist nicht möglich. Damit soll sichergestellt werden, dass das Versorgungskapital nur der Altersvorsorge dient.

Wann eine externe Teilung möglich wird

Bei der externen Teilung kann sich der Ausgleichsberechtigte den Versorgungsträger grundsätzlich frei aussuchen und beispielsweise einen bestehenden *Rie-*

> **Besondere Vorraussetzungen für die Übertragung auf eine bAV**
>
> Die ausgleichsberechtigte Person kann als Zielversorgung auch Träger der betrieblichen Altersvorsorge auswählen. Damit eine angemessene Versorgung sichergestellt ist – wie es der Gesetzgeber verlangt – reicht es nicht aus, dass lediglich der Kapitalbetrag von einem Träger der Betrieblichen Altersvorsorge aufgenommen wird. Es muss zugleich auch ein Anrecht auf eine Versorgung geschaffen werden. Wird der Kapitalbetrag z.B. zur Aufstockung schon bestehender Anrechte an die Pensionskasse des ausgleichsberechtigten Ehepartners gezahlt, handelt es sich nur dann um eine betriebliche Altersvorsorge nach dem Betriebsrentengesetz, wenn der Arbeitgeber eine sogenannte „Umfassungszusage" erteilt hat. Dazu muss die Versorgungszusage die Eigenbeiträge des Ausgleichsberechtigten umfassen. Als Folge bestehen sogenannte „Einstandspflichten".
>
> Damit gilt die sofortige gesetzliche Unverfallbarkeit der Versorgungsansprüche. Im Fall der Direktversicherung/der Pensionskasse sind sämtliche Überschussanteile ausschließlich zur Erhöhung der laufenden Renten zu verwenden. Die Anpassungspflicht entfällt lediglich bei einer Beitragszusage mit Mindestleistung.
>
> Wird keine Umfassungszusage erteilt, handelt es sich um eine besondere Form der privaten Altersvorsorge, für die das Betriebsrentengesetz nicht gilt und damit auch keine Einstandspflichten. Als Folge muss das Familiengericht dann in jedem Einzelfall die Angemessenheit der Versorgung prüfen.

ster-Vertrag oder seine bAV aufstocken. Wählt der Ausgleichberechtigte als Zielversorgung einen Träger der bAV, sind allerdings einige Besonderheiten zu beachten (siehe Kasten S. 18).

Die externe Teilung ist auf dem Vereinbarungsweg zulässig. Sind sich der Ausgleichsberechtigte und der Versorgungsträger der ausgleichspflichtigen Person einig und wünschen eine externe Teilung, ist die externe Teilung in unbegrenzter Höhe möglich. Eine Zustimmung des ausgleichsverpflichteten Ehegatten ist nur dann erforderlich, wenn die externe Teilung bei ihm zu steuerlichen Nachteilen im Zeitpunkt der Scheidung führt.

Das könnte z.B. der Fall sein, wenn der Ausgleichsverpflichtete im Zeitpunkt der Scheidung den Ausgleichswert versteuern muss. In solchen Fällen müsste der Ausgleichsverpflichtete eine höhere Kürzung seines Anrechts hinnehmen, als es zur Erfüllung des Versorgungsausgleichs notwendig wäre. Denn es würde keine faire Teilung stattfinden.

Was nicht fair ist, ist verboten

Mit der Zustimmung bei steuerlichen Nachteilen wird verhindert, dass der ausgleichsberechtigte Ehegatte seine Wahl zum Nachteil des Ausgleichsverpflichteten treffen und ihm so noch „eins auswischen" kann. Voraussetzung ist zudem immer, dass der neu ausgewählte Versorgungsträger der Übertragung des Kapitalwerts zustimmt.

Der Versorgungsträger kann einseitig eine externe Teilung verlangen, wenn es sich um kleinere Ausgleichsbeträge handelt. Der Anbieter einer Direktversicherung, einer Pensionskasse oder eines Pensionsfonds darf die externe Teilung allerdings nur dann veranlassen, wenn der Ausgleichsbetrag als Rentenbetrag höchstens 2% des Durchschnittsentgelts der gesetzlichen Rentenversicherung im vorvergangenen Kalenderjahr beträgt (Bezugsgröße nach § 18, Abs.1 SGB IV). Der Höchstbetrag liegt für 2009 bei 50,40 Euro Monatsrente bzw. 6.048 Euro Kapitalwert.

Höherer Ausgleichswert bei externer Teilung

Um eine externe Teilung bei unmittelbaren Pensionszusagen durch den Arbeitgeber oder Unterstützungskassen durchzuführen, kann der Ausgleichswert einen weitaus höheren Betrag erreichen. Er richtet sich nach der Beitragsbemessungsgrenze in der gesetzlichen Rentenversicherung. Dieser liegt in 2009 bei einem Kapitalwert von 64.800 Euro.

Diese höhere Wertgrenze soll vor allem die externe Teilung für Arbeitgeber erleichtern, die eine Pensionszusage gegeben haben. Denn die Arbeitgeber können damit den erheblichen Mehraufwand einer internen Realteilung vermeiden. Trotzdem sollten Arbeitgeber genau prüfen, ob für sie eine externe der Versorgungsansprüche sinnvoll ist. Denn diese bringt nicht nur Vorteile, wie wir später noch zeigen werden (vergl. S. 19 ff.).

Auch wenn der Versorgungsträger bzw. der Arbeitgeber die externe Teilung verlangt, hat der Ausgleichsberechtigte ein Wahlrecht, an welchen Versorgungsträger der Kapitalwert oder das Versorgungsanrecht gehen soll. Übt er dieses Wahlrecht nicht aus, sieht das Gesetz die Einzahlung des Übertragungswertes in die umlagefinanzierte gesetzliche Rentenversicherung vor.

Zu diesem Zweck wird der Gesetzgeber noch in dieser Legislaturperiode die Gründung einer eigenen Versorgungsausgleichskasse zulassen. In diese werden dann die extern geteilten Ansprüche der betrieblichen Altersversorgung überführt und gegebenenfalls lebenslang verwaltet. Die Rückdeckung der Ansprüche soll durch ein Versicherungskonsortium analog zur Rückdeckung von Anwartschaften oder Renten durch den Pensions-Sicherungsvereins erfolgen. Der springt bei einer Insolvenz des Arbeitgebers in der bAV ein.

Angemessene Versorgung muss sichergestellt sein

Als weitere Einschränkung der Zielversorgungswahl gilt, dass die neue Zielversorgung des Ausgleichsberechtigten eine „angemessene Versorgung" sicherstellen muss. Um dem Familiengericht Einzelprüfungen zu ersparen, gelten Einzahlungen in die gesetzliche Rentenversicherung, zertifizierte Riester-Verträge und Anrechte nach dem Betriebsrentengesetz ohne weitere Prüfung als angemessene Zielversorgung.

Da durch die externe Teilung der Anrechte in der gesetzlichen Rentenversicherung, in Riester-Verträgen oder Übertragungen der Vorsorgeanrechte nach dem Betriebsrentengesetz keine Steuerpflicht im Zeitpunkt der Scheidung ausgelöst wird, muss die ausgleichsverpflichtete Person in diesem Fall nicht zustimmen.

Wählt die ausgleichsberechtigte Person eine andere Zielversorgung, wird diese vom Familiengericht als angemessen beurteilt, wenn sie mindestens das biometrische „Risiko einer Langlebigkeit" absichert. Ein reines Aktiendepot mit vielen Unsicherheitsfaktoren wird demnach vom Familiengericht mit Sicherheit nicht als angemessen gewertet.

▸ **Hinweis:** Die mit der Durchführung der externen Teilung entstehenden Kosten dürfen nicht auf Ausgleichsberechtigte und Ausgleichspflichtige umgelegt werden. Da kein neues Konto geschaffen und fortgeführt werden müsse, so die Argumentation des Gesetzgebers, seien die Kosten für Arbeitgeber im Vergleich zur internen Teilung geringer.

Problem der externen Teilung bei der Pensionszusage

Die Vorteile einer externen Teilung für den Arbeitgeber liegen auf der Hand. Er hat nach der Scheidung keine Verpflichtungen mehr gegenüber den ehemaligen Ehepartner seines Arbeitnehmers. Arbeitgeber könnten dann künftigen Anwartschaften auf einen externen Versicherungsträger wie beispielsweise eine Pensionskasse, Lebensversicherer, Unterstützungskasse oder Pensionsfonds übertragen. Allerdings ist die externe Teilung nur mit Zustimmung der Beteiligten oder bei geringen Ausgleichsbeträgen möglich.

Grundsatz-Probleme für Arbeitgeber

Sie als Arbeitgeber müssen mit dem neuen Versorgungsausgleich zunächst bürokratische Hürden überwinden. Denn unabhängig vom Durchführungsweg der bAV erhöht sich für Sie die Anzahl der Versorgungsanwärter und Rentner. Letztlich hat der Gesetzgeber Arbeitgeber mit dem neuen Gesetz dazu verpflichtet, geschiedene Eheleute – konkret den betriebsfremden Ex-Partner des eigenen Mitarbeiters – wie einen eigenen, ausgeschiedenen Mitarbeiter zu behandeln. Arbeitgeber werden so zur eigenständigen Versorgung betriebsfremder Geschiedener verpflichtet.

Damit ergeben sich für den Arbeitgeber zusätzlicher Mehraufwand und Kosten für die Personalverwaltung und Organisation. Konkret heißt das: Ihre Personalabteilung wird je nach Wahl des Durchführungsweges der bAV mehr Schriftverkehr haben. Sie muss unter Umständen zusätzlich Lohnsteuer einhalten, hat Lohnsteuerkarten und Lebensnachweise einzuholen und muss in der Rentenphase des Mitarbeiters und des Ex-Partners die Krankenkassenbeiträge für beide abführen.

Standardlösungen gibt es nicht

Das operative Problem für Sie: Standardlösungen kann es schon aufgrund der Vielfalt betrieblicher Versorgungsregelungen nicht geben. Prozesse, Produkte und IT-Systeme müssen fachlich und technisch in die Lage versetzt werden, dass sie den gesetzlichen Ansprüchen genügen. Es werden neue Prozesse zur Berechnung der Aufteilungswerte (Ehezeitanteil, Ausgleichswert, Kapitalwert, Rentenwert) benötigt. Die IT-Systeme müssen zusätzliche Daten der ausgleichsberechtigten Person aufnehmen und die Aufteilungsverhältnisse revisionssicher speichern und verwalten.

Hinzu kommt, dass die Strukturreform eine ganze Reihe von Gestaltungsspielräumen einräumt, die eine auf die Unternehmensspezifika ausgerichtete Vorgehensweise erfordern. Wie beschrieben haben Arbeitgeber und Versorgungsträger einige Handlungsspielräume wie z.B. bei der Wahl der rechnerischen Bezugsgröße für die Teilung verschiedenartiger Versorgungsprodukte, der Kostenverteilung sowie bei der einseitigen Entscheidung für eine externe Teilung.

Sicherlich werden auch die scheidungswilligen Ehepartner die Versorgungsträger nicht selten fragen, wie eine für sie optimale Teilung aussehen kann. Im Folgenden können wir daher auch nur grundsätzliche Belastungen und Probleme durch die neue Regelung des Versorgungsausgleichs transparent machen.

Risiko Unterdeckung

Eine Kernfrage vieler Arbeitgeber: Was passiert eigentlich bei einer Unterdeckung? Hier ergibt sich ein weiteres Bewertungsproblem. Bislang ist nämlich noch komplett ungeklärt, wie die Anwartschaften von Ausgleichsberechtigten und Ausgleichspflichtigen im Falle einer Unterdeckung der Pensionszusagen in der Anwartschaftsphase bewertet werden sollen. Das gleiche Bewertungsproblem ergibt sich auch, wenn das Deckungskapital einer fondsgebundenen Rentenversicherung zum Scheidungszeitpunkt unter der garantierten Mindestleistung liegt.

Nicht geklärt ist auch die Bewertungsfrage, wenn bei fondsgebundenen Anlagen zwischen dem Stichtag der Ehescheidung (Monatsultimo vor Einreichen der Scheidung) und dem aktuellen Teilungsdatum (Rechtskraft der Scheidung) eine Wertveränderung eintritt. Wer dann wem einen Ausgleich in welcher Höhe zahlen muss, steht grundsätzlich noch in den Sternen.

Bei endgehaltsabhängigen Zusagen kann nur ein vorläufiger Ausgleichsbetrag zum Ende der Ehezeit ermittelt werden. In diesem Fall sind nachträgliche Veränderungen bis zur Entscheidung des Gerichts bei Rentenbeginn zu berücksichtigen. Wie vor der Reform muss ein schuldrechtlicher Versorgungsausgleich des Familiengerichts dann die Renten oder Kapitalauszahlungen hälftig teilen. Das bedeutet nochmal zusätzlichen Aufwand und Kosten für Arbeitgeber.

Liquiditätsrisiko

Arbeitgeber gehen auch ein erhöhtes Liquiditätsrisiko ein, insbesondere bei der externen Teilung. Diese hat zwar den Vorteil der Auslagerung der Arbeit. Aber Arbeitgeber müssen bei diesem Verfahren den Kapitalwert der Pensionszusage an den neuen Versorgungsträger zahlen. Das Folgeproblem: Die Mittel dazu müssen aus dem laufenden Geschäftsbetrieb oder auch aus Rücklagen entnommen werden. Sie müssen in solchen Fällen als Arbeitgeber also aktiv Mittel flüssig machen. Das kann vor allem in wirtschaftlich schwierigen Zeiten zu Problemen führen. Schwierigkeiten gibt es vor allem dann, wenn die Mittel für die spätere Rente im Betrieb investiert wurden und damit gar nicht zur Entnahme verfügbar sind. Auch das ist immer öfter der Fall.

Der Gesetzgeber hat zudem entschieden, dass als Kapitalwert der Übertragungswert nach dem Betriebsrentengesetz angesetzt wird. Dabei wird im Grunde ein Ausscheidefall mit Ehezeit fingiert. Die Berechnung des Übertragungswerts ist jedoch nicht unproblematisch und bringt in den Versorgungsausgleich alle Unsicherheiten und Probleme, die schon in der Vergangenheit bei der Bestimmung des Übertragungswertes aufgetreten sind und zu einer längeren Stellungnahme der Deutschen Aktuarsvereinigung (DAV) zu dieser Thematik geführt haben. (Das entsprechende Dokument finden Sie unter folgendem Link: http://www.aktuar.de/download/ivs/2008-03-26_Versorgungsausgleich.pdf)

Spezial-Fall: Gesellschafter-Geschäftsführer

Nicht eindeutig geklärt ist zudem die Frage, wie die Rechtsstellung des Ehegatten von Gesellschafter-Geschäftsführern einzuordnen ist. Nach dem Wortlaut des §12 des Versorgungsausgleichsgesetzes ist der Versorgungsausgleich ausgeschlossen, da Geschäftsführer nicht unter das Betriebsrentengesetz fallen. Zu guter Letzt ist auch umstritten, ob die Entscheidungen über die Handhabe des Versorgungsausgleichs – wie z. B. die Frage, ob eine interne oder externe Teilung bevorzugt wird – mitbestimmungspflichtig ist. Die herrschende Literatur lehnt bislang eine Mitbestimmung ab.

Fallstricke bei rückgedeckten Unterstützungskassen

Wie bei der Pensionszusage haftet der Arbeitgeber beim Durchführungsweg Unterstützungskasse – unabhängig davon, ob diese über eine Versicherung rückgedeckt ist. Die Unterstützungskasse ist als Versorgungsträger zur Durchführung des Versorgungsausgleichs verpflichtet und wird dabei insbesondere die Interessen des Versicherers berücksichtigen. Der Arbeitgeber jedoch haftet für die Ergebnisse und muss gegebenenfalls einspringen, wenn die Mittel der Unterstützungskassen nicht ausreichen, die versprochenen Renten zu zahlen.

▸ **Hinweis:** Um Haftungsrisiken zu minimieren, sollten Arbeitgeber die Vorgehensweise der Unterstützungskasse beim Versorgungsausgleich überprüfen und eigene Vorschläge für eine dem Arbeitgeber zugute kommende Ausgestaltung des Versorgungsausgleichs machen.

Viele komplizierte Probleme für Experten

Es ergeben sich zudem auch zahlreiche versicherungsmathematische und juristische Fragen, die nur von Experten beantwortet werden können. So zum Beispiel, ob bei einer Beitragszusage mit Mindestleistung auch der ehezeitliche Anteil an der versprochenen Mindestleistung zu transferieren ist.

Bei outgesourcten Pensionszusagen stellt sich die Frage, wie die Höhe der Versorgung im Pensionsfonds zu bestimmen ist. Zudem ist zu berechnen, ob und wie vor- und nachehezeitlich erdiente Beiträge heraus- oder zuzurechnen sind. Und nicht zuletzt ist zu berücksichtigen, dass der Arbeitgeber die Kosten der externen Teilung selber tragen muss.

Aufgrund der komplexen Fragestellungen ist kaum zu erwarten, dass eindeutige, geschweige denn einfache Lösungen für alle denkbaren Fälle gefunden werden. Arbeitgeber – respektive die Experten in Ihren Personal- und Rechtsabteilungen – werden hier also in einen intensiven Austausch mit externen Beratern treten müssen, um im Einzelfall die Probleme zu klären.

Nachbesserungen wahrscheinlich

Wie die aufgezeigten Probleme in der Praxis bewältigt werden können, wird erst die Zukunft zeigen. Angesichts der beschriebenen offenen Fragen sind schon bevor das Gesetz in Kraft ist, Änderungsvorschläge in der Diskussion (siehe Kasten).

Dessen ungeachtet müssen alle Arbeitgeber und Versorgungsträger mit dem neuen Gesetz leben. Um den bürokratischen Aufwand der Arbeitgeber zu minimieren, sollten möglichst viele Prozesse, die mit dem Versorgungsausgleich verbunden sind, systematisiert und automatisiert werden.

▸ **Hinweis:** Zu diesem Zweck sollten Arbeitgeber eine sogenannte Teilungsordnung erstellen, die die grundsätzlichen Spielregeln der Teilung festlegt. Das ermöglicht ein standardisiertes Vorgehen bei Scheidungen und im Teilungsprozedere. Sie müssen dann nicht jeden Einzelfall individuell bearbeiten.

Teilungsordnung spart Arbeit, Zeit und Geld

Arbeitgeber, die als Versorgungsträger auf eine Teilungsordnung verzichten, müssen in jedem einzelnen Scheidungsfall entscheiden, wie die Teilung konkret erfolgen soll. Das führt zu einem immensen, aber unnötigen Aufwand, der durch eine Teilungsordnung weitgehend vermieden werden kann. Ansatzpunkte:

- Im Einzelnen ist dort z. B. festzulegen, ob und wenn ja in welchen Fällen eine externe Teilung vorgenommen werden soll. Der wichtigste Punkt bei der internen Teilung ist die Vorgehensweise bei der Bewertung der verschiedenen Anwartschaften.

Ergebnis offen: Fragen und möglicher Änderungsbedarf im Gesetzgebungsverfahren

Erleichterung der externen Teilung: Unabhängig vom Durchführungsweg soll eine externe Teilung ohne Obergrenze durch den Arbeitgeber/Versorgungsträger möglich sein. Begründung: Erleichterung des Versorgungsausgleichs für Unternehmen und Vermeidung einer unerwünschten Zersplitterung der Anwartschaften.

Volle Umlage der Kosten: Sämtliche Kosten des Versorgungsausgleichs sollen verursachergerecht auf die Ehegatten umgelegt werden – unabhängig davon, ob eine interne oder externe Teilung erfolgt.

Verzicht auf den Ausgleich verfallbarer Anwartschaften: Die Beibehaltung des schuldrechtlichen Versorgungsausgleichs für verfallbare Anwartschaften konterkariert das Gesetzesziel, den Ausgleich mit der Scheidung abzuschließen. Für die Unternehmen entfällt eine doppelte Belastung, weil sie nicht dauerhaft zwei Ausgleichssysteme verwalten müssen.

Mitbestimmungspflicht regeln. Es muss geregelt werden, ober die Handhabe des Versorgungsausgleichs mitbestimmungspflichtig ist.

Gesellschafter-Geschäftsführer: Der Gesetzgeber sollte klarstellen, ob Ehegatten von Gesellschafter-Geschäftsführern ausgleichsberechtigt sind.

Eindeutige Bewertungsregelungen: Es muss bei Lebensversicherungen klar gestellt werden, ob für den Vertrag des Ausgleichsberechtigten alte Rechnungsgrundlagen verwendet werden dürfen. Auch muss die Frage geklärt werden, wie zu verfahren ist, wenn in der gleichen Tarifgeneration nur Kapitallebensversicherungen, nicht aber Rentenversicherungsverträge zur Verfügung stehen. Zudem ist festzulegen, wie in der Betrieblichen Altersvorsorge selbstständige Berufsunfähigkeitsrenten zu teilen sind, die nicht vom Versorgungsausgleich ausgenommen wurden. Es muss eindeutig festgelegt werden, wie fondsgebundene Anlagen zu bewerten sind, wenn der aktuelle Wert unter der garantierten Mindestleistung liegt oder zwischen Stichtag der Scheidung und Rechtsgültigkeit der Scheidung Wertveränderungen eingetreten sind.

- Des Weiteren ist bei der internen Teilung zu entscheiden, ob der ausgleichsberechtigte Ehegatte neben Altersleistungen auch Invaliditäts- und Hinterbliebenenleistungen erhält. Oder ob diese durch einen wertgleichen Ausgleich bei der Altersvorsorge ersetzt werden sollen.

- Ein wichtiger Punkt ist sicherlich auch die Festlegung, in welcher Höhe Teilungskosten von den Ausgleichsberechtigten und Ausgleichspflichtigen zu tragen sind.

- Arbeitgebern, deren Mitarbeiter über externe Durchführungswege vorsorgen, empfehlen wir, sich mit dem oder den Versorgungsträgern in Verbindung zu setzen und konkret zu klären, wie dort das Gesetz umgesetzt wird – insbesondere welche Regelung die Teilungsverordnung bezüglich der Invaliditäts- und Hinterbliebenenleistungen vorsieht.

Spielen die Familiengerichte mit?

Für die erfolgreiche praktische Umsetzung entscheidend ist, dass den Familiengerichten tatsächlich – wie vom Gesetzgeber gefordert – verständliche und nachvollziehbare Entscheidungsgrundlagen geliefert werden. Je besser das gelingt, umso größer ist die Chance, dass das Familiengericht dem Vorschlag des Versorgungsträgers folgt.

Auf jeden Fall sollten Arbeitgeber und Versorgungsträger die Urteile fristgerecht innerhalb von zwei Wochen prüfen und gegebenenfalls eine begründete Beschwerde einlegen. Denn auch bei Flüchtigkeitsfehlern wird das Urteil rechtskräftig.

Zudem empfiehlt sich eine kompetente juristische Beratung, spätestens wenn das Familiengericht weitere Informationen einfordert oder der Beschwerdeweg eingeschlagen werden muss.

Fazit: Hauptsache gerecht

Die Neuregelung des Versorgungsausgleichs wird alle Arbeitgeber treffen und für zusätzlichen Arbeitsaufwand und Kosten sorgen. Außerdem ist bereits absehbar, dass der neue Versorgungsausgleich nach der Einführung und dem Praxistest an diversen Stellen verändert - also nachgebessert - werden wird. Ob das echte Verbesserungen werden, bleibt abzuwarten.

Die aktuelle Reform des Versorgungsausgleichs hat ein lobenswertes und erstrebenswertes Ziel: Mehr Gerechtigkeit und Ausgleich bei Scheidungen. Leider hat der Gesetzgeber – getrieben von einem totalen Gerechtigkeitsgedanken – nicht an die Kollateralschäden gedacht, die seine Gesetzgebung nach sich ziehen wird. So werden zwar künftig die finanziellen Ungerechtigkeiten beim Versorgungsausgleich geringer. Die Zeche müssen jedoch Arbeitgeber mit hohem zusätzlichem Aufwand und größeren Risiken bezahlen.

Selbst Unternehmen, die bislang keine bAV anbieten mussten, z. B. weil innerhalb des Betriebs keine Nachfrage bestand, können schon morgen Betroffene der Neuregelung sein. Dafür sorgt allein schon der Anspruch auf Entgeltumwandlung, den jeder Arbeitnehmer – also auch jeder neue Mitarbeiter – geltend machen kann.

Alle Betriebe tragen damit das Risiko, bei Scheidungen an einem Versorgungsausgleich mitwirken und ihn operativ umsetzen zu müssen. Die Wahrscheinlichkeit dazu wächst ohnehin mit der Scheidungsrate. Die wird – wie in den vergangenen Jahren – beständig zunehmen.

Personalabteilungen bekommen zu tun

Vor allem für die Personalabteilungen ergibt sich mit der Gesetzesänderung hoher zusätzlicher Mehraufwand in der Verwaltung und Organisation. Und das ist teuer. Schließlich wächst durch die Versorgungsansprüche der ehemaligen Ehepartner von Mitarbeitern rein rechnerisch die Zahl der zu versorgenden Personen, die im Unternehmen verwaltet werden müssen.

Interne Zuständigkeiten und Abläufe müssen neu festgelegt werden, Prozesse, Produkte und IT-Systeme fachlich und technisch in die Lage versetzt werden, den gesetzlichen Ansprüchen zu genügen. Zudem sind versicherungsmathematische Berechnungen notwendig, die sich kein Unternehmer einfach nur so aus den Ärmeln schütteln kann. Ganz abgesehen von neuen steuerlichen Fragestellungen, deren fachliche Beantwortung ebenfalls zusätzliches Geld kostet.

Vor allem aber wird kein Unternehmen darum herum kommen, eine Teilungsordnung zu erstellen, die organisatorische Abläufe künftig standardisiert. Auch das erfordert spezielles Knowhow. Das muss – wenn es nicht durch Schulungen in der Personalabteilung geschaffen wird – von außerhalb ins Unternehmen hereingeholt werden. Die Kosten für all diese neuen und komplizierten Aufgaben müssen Arbeitgeber zum allergrößten Teil selber tragen. Einen Gegenwert bekommen sie dafür nicht.

Änderungen in nächster Zeit wahrscheinlich

Unterm Strich bleibt zu hoffen, dass der Gesetzgeber sich in der Praxis ergebende Hürden für eine reibungslose Ausführung des Versorgungsausgleichs im Betrieb zügig aus dem Weg räumt. Denn Handlungsbedarf – soweit steht heute schon fest – gibt es genug. Das hinter der Neuordnung stehende Motto – Hauptsache gerecht – darf sich nicht nur auf die betroffenen Scheidungspartner beziehen. Arbeitgeber dürfen nicht die Leidtragenden der Gesetzesnovelle zum Versorgungsausgleich sein.

Zudem ist schon heute absehbar, dass der neue Versorgungsausgleich nach der Einführung und dem Praxistest an diversen Stellen verändert – also nachgebessert – werden wird. Ob das echte Verbesserungen werden, von denen auch die Arbeitgeber profitieren werden, bleibt noch abzuwarten. Notwendig sind Nachbesserungen in jedem Fall, denn etliche Fragen sind noch ungeklärt (Tabelle S. 21).

FUCHS jedenfalls bleibt für Sie am Ball und wird Sie über künftige Änderungen weiter unterrichten.

Impressum

Chefredakteur: Ralf Vielhaber
Redaktionsleitung: Stefan Ziermann
Einbandgestaltung / Layout: Ulf Gruber
Coverfoto: aboutpixel.de Justitia - Bilderhascher
Satz: Verlag FUCHSBRIEFE
Redaktionsschluss: 14.09.2009

Marketing: Ilka Rothe
Tel.: +49 (0)30 / 28 88 17 - 24
mailto: *ilka.rothe@fuchsbriefe.de*
Anzeigen/Vertrieb: Ulf Gruber
Tel.: +49 (0)30 / 28 88 17 - 22
mailto: *ulf.gruber@fuchsbriefe.de*
Abo-Service: Doris Schöne / Renate Vies
Tel.: +49 (0)5241 / 80 16 92
mailto: *renate.vies@bertelsmann.de*

Kontakt zur Redaktion:
Tel.: +49 (0)30 / 28 88 17 - 0
www.fuchsbriefe.de
info@fuchsbriefe.de

ISBN: 978-3-8349-2059-1
Gedruckt in Deutschland

Der FUCHS-REPORT entstand in Zusammenarbeit mit Fr. *Sternberger-Frey* und ist ein Produkt des

Verlag FUCHSBRIEFE
Dr. Hans Fuchs GmbH, Berlin
Geschäftsführer: Ralf Vielhaber
Handelsregister: AG Charlottenburg HRB 75903
USt-ID: DE 8 111 48460
Verantwortlicher i.S.d § 10 Abs. 3 MDStV: Ralf Vielhaber

Kontakt zum Verlag:
Dr. Hans Fuchs GmbH, Berlin
Albrechtstraße 22
10117 Berlin
Tel.: +49 (0)30 / 28 88 17 - 0
www.fuchsbriefe.de
info@fuchsbriefe.de

Copyright:
Alle Rechte vorbehalten. Nachdruck, Aufnahme in Onlinedienste sowie Internet und Vervielfältigung auf Datenträger jeder Art sind – auch auszugsweise – nur nach vorheriger schriftlicher Zustimmung des Verlags gestattet. Jede im Bereich eines gewerblichen Unternehmens hergestellte und genutzte Kopie verpflichtet zur Honorarzahlung an den Verlag. Gerichtsstand und Erfüllungsort: Berlin

Hinweis:
Fuchsbriefe haben für den vorliegenden Report sorgfältig und nach bestem Wissen und Gewissen recherchiert und die vorhandenen Daten ausgewertet. Dennoch übernehmen Fuchsbriefe keinerlei Garantie für deren Richtigkeit, Genauigkeit oder Vollständigkeit. Verlag und Redaktion lehnen jede Haftung für allfällige Schäden ab. Die vorliegende Publikation ist keine individuelle Beratung und kann diese auch nicht ersetzen. Redaktion und Anzeigen sind streng getrennt. Eine Anzeigenschaltung hat keinen Einfluss auf die Erwähnung oder Wertung eines Produktes in der Publikation.

GPSR Compliance

The European Union's (EU) General Product Safety Regulation (GPSR) is a set of rules that requires consumer products to be safe and our obligations to ensure this.

If you have any concerns about our products, you can contact us on

ProductSafety@springernature.com

In case Publisher is established outside the EU, the EU authorized representative is:

Springer Nature Customer Service Center GmbH
Europaplatz 3
69115 Heidelberg, Germany

www.ingramcontent.com/pod-product-compliance
Lightning Source LLC
LaVergne TN
LVHW080116250326
834688LV00040B/1166